Um mês em oração pela família

Coleção Vida Cristã

- *As doze grandes promessas do Sagrado Coração de Jesus*
  Celina H. Weschenfelder
- *Rezando com Nossa Senhora*
  Maria Belém
- *Trinta dias com o Sagrado Coração de Jesus*
  José Carlos Ferreira da Silva
- *Trinta dias com o Imaculado Coração de Maria*
  José Carlos Ferreira da Silva
- *Um mês em oração pela família*
  José Carlos Ferreira da Silva
- *Com Maria e o Papa Francisco em oração*
  Tarcila Tommasi
- *Gratidão: segredo de um amor maior*
  Tarcila Tommasi

JOSÉ CARLOS FERREIRA DA SILVA

Um mês em oração pela família

Paulinas

Dados Internacionais de Catalogação na Publicação (CIP)
(Câmara Brasileira do Livro, SP, Brasil)

Silva, José Carlos Ferreira da
  Um mês em oração pela família / José Carlos Ferreira da Silva. – São Paulo : Paulinas, 2012. – (Coleção vida cristã)

ISBN 978-85-356-3391-7

1. Devoções diárias 2. Família - Vida religiosa 3. Livro de oração e devoção 4. Meditações I. Título. II. Série.

12-14063 CDD-242.22

Índice para catálogo sistemático:
1. Meditações e orações para uso diário : Cristianismo 242.2

Direção-geral: *Bernadete Boff*
Editores responsáveis: *Vera Ivanise Bombonatto*
e Antonio Francisco Lelo
Copidesque: *Ana Cecilia Mari*
Revisão: *Equipe Paulinas*
Assistente de arte: *Ana Karina Rodrigues Caetano*
Gerente de produção: *Felício Calegaro Neto*
Projeto gráfico: *Telma Custódio*
Capa e diagramação: *Wilson Teodoro Garcia*

1ª edição – 2012
7ª reimpressão – 2024

Nenhuma parte desta obra poderá ser reproduzida ou transmitida por qualquer forma e/ou quaisquer meios (eletrônico ou mecânico, incluindo fotocópia e gravação) ou arquivada em qualquer sistema ou banco de dados sem permissão escrita da Editora. Direitos reservados.

Cadastre-se e receba nossas informações
paulinas.com.br
Telemarketing e SAC: 0800-7010081

Paulinas
Rua Dona Inácia Uchoa, 62
04110-020 – São Paulo – SP (Brasil)
📞 (11) 2125-3500
✉ editora@paulinas.com.br
© Pia Sociedade Filhas de São Paulo – São Paulo, 2012

A família está convocada a ser templo, ou seja,
casa de oração: uma oração singela,
cheia de esforço e ternura.
Uma oração que se faz vida,
para que toda a vida se converta em oração.

(São João Paulo II)

A minha família, que,
em meio a alegrias e tristezas,
presença e ausência,
me inseriu na escola do amor de Deus.

Sumário

Apresentação 9
Educa-nos para o respeito mútuo 11
  1º dia 13
  2º dia 17
  3º dia 20
  4º dia 25
  5º dia 28
  6º dia 32
  7º dia 36
  8º dia 40
  9º dia 44
  10º dia 48
  11º dia 53
  12º dia 56
  13º dia 59
  14º dia 62

15º dia	66
16º dia	70
17º dia	73
18º dia	77
19º dia	80
20º dia	84
21º dia	87
22º dia	91
23º dia	94
24º dia	97
25º dia	100
26º dia	104
27º dia	107
28º dia	112
29º dia	115
30º dia	118
31º dia	122

Apresentação

Insistimos muito na necessidade de se rezar em família. Padre José Carlos Ferreira da Silva nos ajuda a rezar numa outra direção: rezar pela família.

Apresenta-nos cada dia um belo poema que nos ajuda a focar a família como objeto da nossa oração. Será uma oração dinâmica, em que vamos envolver-nos com as necessidades do nosso grupo familiar.

Rezar pela família, de modo abrangente, passa a ser mergulhar o nosso grupo familiar no coração de Deus, porque rezar é mergulhar em Deus.

A família, querida por Deus, desde o começo, quando criou homem e mulher e deu a eles o encargo de "crescei e multiplicai-vos" (Gn 1,28), é a base da sociedade. Jesus toma esta proposta inicial e eleva a família a uma condição sacramental, fazendo com que o matrimônio seja o belo retrato de sua união com a Igreja: "'Por isso, o homem deixará seu pai e sua mãe e se unirá à sua mulher, e os dois serão uma só carne'. Este mistério é grande – eu digo isto com referência a Cristo e à Igreja" (Ef 5,31-32).

O *Documento de Aparecida* diz: "Proclamamos com alegria o valor da família na América Latina e no Caribe. O Papa Bento XVI afirma que a família, 'patrimônio da humanidade, constitui um dos tesouros mais importantes dos povos latino-americanos e caribenhos. Ela tem sido e é escola da fé, palestra de valores humanos e cívicos, lar em que a vida humana nasce e se acolhe generosa e responsavelmente... A família é insubstituível para a serenidade pessoal e para a educação de seus filhos'" (n. 114).

As novas Diretrizes Gerais da Ação Evangelizadora (DGAE) dizem: "Um olhar especial merece a família, patrimônio da humanidade, lugar e escola de comunhão, primeiro local para a iniciação à vida cristã das crianças, no seio da qual os pais são os primeiros catequistas. Tamanha é sua importância que precisa ser considerada um dos eixos transversais de toda a ação evangelizadora" (n. 108).

Padre José Carlos, nos seus escritos anteriores, tem nos auxiliado a rezar cada dia. No livro que hoje temos em mãos, ele nos ajuda a acolher nossa família e a fazer dela o material para rezar diariamente.

Vamos saborear o conteúdo poético de cada oração. Vamos assumir o gesto concreto de cada dia. Vamos fazer isso todos os dias pela família.

Monsenhor Antônio Rômulo Zagoto

Vigário-geral
Diocese de Cachoeiro de Itapemirim-ES

Educa-nos para o respeito mútuo

Tu que, sendo Deus,
Respeitaste profundamente a nossa humanidade,
Educa o nosso coração
E também o de cada membro do nosso grupo familiar a
Tratarem com o merecido respeito todos os filhos de Deus.

Tu que, sendo Deus,
Respeitaste profundamente a nossa humanidade,
Educa todos os casais para que,
Na vida de casados,
Tenham um para com o outro
O mesmo respeito e carinho
Que demonstravam antes do casamento.

Tu que, sendo Deus,
Respeitaste profundamente a nossa humanidade,
Educa o nosso coração
E também o de cada um dos nossos familiares

Para que tratemos os membros de nossa família
Com a mesma gentileza com que tratamos nossos amigos e colegas.

Tu que, sendo Deus,
Respeitaste profundamente a nossa humanidade,
Mostra ao nosso coração
E também ao de cada um dos nossos familiares que,
Quando os membros da família
Tratam uns aos outros com respeito,
O lar passa a ser um lugar agradável.

1º dia

Suportai-vos uns aos outros e,
se um tiver motivo de queixa contra o outro,
perdoai-vos mutuamente
(Cl 3,13).

Ó Jesus, que,
Com tua encarnação,
Criaste com a família humana
Laços indissolúveis,
Manifestados, concretamente,
Em tua vivência histórica,
Ao lado dos teus pais
Maria e José, dócil família de Nazaré.
Conduze os passos da nossa família
Para a vivência do perdão
Como prática cotidiana.

Concede aos nossos corações
A graça da humildade,
Para sempre reconhecermos os nossos erros,
Sem querer justificá-los.

Concede aos nossos corações
A graça de sermos maduros o suficiente
Para perdoarmos e buscarmos a reconciliação.

Concede aos nossos corações
A graça de sempre tomarmos a iniciativa
Para a reaproximação,
Sem ficarmos esperando que o outro o faça.

Mostra aos nossos corações que
A nossa família não pode subsistir sem perdão;
Invariavelmente vamos errar uns com os outros.

Mostra aos nossos corações que
O perdão abre sempre nova possibilidade de convivência.

Mostra aos nossos corações que
O perdão é um dos maiores indicadores
Da nossa compreensão do amor de Deus por nós.

Mostra aos nossos corações que
O perdão não é uma emoção,
Mas uma decisão
De não levarmos adiante as ofensas que nos pesam na alma.

Mostra aos nossos corações que
O perdão é unilateral,
Não depende dos "méritos" do ofensor.

Convence-nos de que
O perdão é uma reação positiva
Para com a ofensa,
Em vez de uma reação negativa
Para com o ofensor.

Convence os nossos corações de que,
Ao perdoar, reconhecemos o direito que
Somente Deus tem de julgar.

Convence os nossos corações de que
Perdoar significa
Cooperar com Deus na vida do ofensor.

Dá,
Aos nossos corações,
A coragem e a disposição necessárias
Para pedirmos e concedermos perdão.

Convence os nossos corações de que
O perdão,
Dado ou recebido,
Cura as feridas da alma.

Convence os nossos corações de que
O perdão,
Dado ou recebido
Restaura um coração ferido e amargurado.

Convence os nossos corações de que
A nossa família, ou qualquer outra,
Não pode subsistir sem perdão mútuo.

Convence os nossos corações de que
O perdão dado e recebido no meio familiar
É um indicador da tua compreensão e amor por nós.

Convence os nossos corações de que
O perdão vivenciado em família
Consiste em aceitarmos o outro como outro,
Com suas feridas e fragilidades.

Convence os nossos corações de que
O perdão é a aceitação de que podemos mudar,
Ser transformados.

Convence os nossos corações de que
O perdão é a base de toda relação humana
E da convivência familiar.

Convence os nossos corações de que
Não há verdadeira vida familiar,
Enquanto não se chegar ao ponto do perdão.

Convence os nossos corações de que
O perdão,
Dado e recebido
Renova a vida em família.

Convence os nossos corações de que
O perdão,
Dado e recebido,
Não vem da emoção,
Mas da vontade.

> **Exercício do dia:** Oferecer perdão a um membro da nossa família, assim como Cristo, nosso irmão amado, nos perdoou.

2º dia

E tudo o que disserdes ou fizerdes,
que seja sempre no nome do Senhor Jesus,
por ele dando graças a Deus Pai
(Cl 3,17).

Ó Jesus, que,
Com tua encarnação,
Criaste com a família humana
Laços indissolúveis,
Manifestados, concretamente,
Em tua vivência histórica,
Ao lado dos teus pais
Maria e José, dócil família de Nazaré.
Não permitas que
O nosso coração e também o de cada membro da nossa família
Deixem-se levar pela rotina que desgasta e enfraquece os laços familiares.

Faze de nossa família
Uma família que
Rompa sempre com o medo
De se colocar à disposição de nós mesmos e dos demais semelhantes.

Faze de nossa família
Uma família que
Saiba celebrar,

No cotidiano da vida,
O teu dócil amor.

Faze de nossa família
Uma família que se
Escuta mutuamente.

Faze de nossa família
Uma família que
Escuta a tua dócil vontade.

Faze de nossa família
Uma família que
Goste de estar junto,
Dando e recebendo um e outro como dom do teu amor.

Faze de nossa família
Uma família que
Seja sempre fonte de vida
Para as outras famílias.

Faze de nossa família
Uma família em que
O sinal do teu amor seja sempre visível.

Faze de nossa família
Uma família que
Testemunhe uma comunhão que
Ultrapasse os conflitos e diferenças.

Faze de nossa família
Uma família que
Decida viver livre de mágoas.

Faze de nossa família
Uma família que
Não permita que a
Amargura seja a nossa guia.

Faze de nossa família
Uma família que
Tenha no coração
A justiça, o perdão e a ação de graças
Como valores
Dos quais não se abre mão.

Faze de nossa família
Uma família que
Assuma no coração
A necessidade de buscar sempre
O caminho do arrependimento
E do perdão.

> **Exercício do dia:** Escutarmos, com atenção, cada palavra que os membros da nossa família pronunciarem.

3º dia

*Não apagueis o Espírito,
não desprezeis os dons de profecia,
mas examinai tudo e guardai o que for bom.
Afastai-vos de toda espécie de mal*
(1Ts 5,21-22).

Ó Jesus, que,
Com tua encarnação,
Criaste com a família humana
Laços indissolúveis,
Manifestados, concretamente,
Em tua vivência histórica,
Ao lado dos teus pais
Maria e José, dócil família de Nazaré.
Ensina a nós, aos membros da nossa família e a todas as famílias do mundo
A abrirem o coração à luz do teu Espírito Santo,
Que conduz o coração humano ao encontro da verdade,
Na prática cotidiana.

Convence os nossos corações de que
A abertura ao teu Espírito nos leva
A perceber que os conflitos nos revelam mutuamente nossas feridas
E, ao mesmo tempo,
Ajudam-nos a procurar mais aquilo que nos une.
Convence os nossos corações de que

A abertura ao teu Espírito nos leva
A aceitar a realidade do outro,
Como as situações da vida familiar,
Como uma longa e feliz aprendizagem.

Convence os nossos corações de que
A abertura ao teu Espírito nos leva
A entender que
É necessária a nossa contribuição
Para que uma convivência
Sem grandes conflitos
Aconteça em meu lar.

Convence os nossos corações de que
A abertura ao teu Espírito nos leva
A entender que
É necessária a disposição
De renunciar àquilo que estorva nosso relacionamento familiar.

Convence os nossos corações de que
A abertura ao teu Espírito nos leva
A entender que
É necessário, de ambas as partes,
Abandonar as atitudes egoístas e buscar o bem comum a todos.

Convence os nossos corações de que
A abertura ao teu Espírito nos leva
A pensar e fazer o melhor para o bem-estar da nossa família.

Convence os nossos corações de que
A abertura ao teu Espírito nos leva

A entender que a crise de perdão na família
Reflete uma crise conjugal.

Convence os nossos corações de que
A abertura ao teu Espírito nos leva
A entender que
Toda crise conjugal
Reflete uma crise espiritual.

Convence os nossos corações de que
A abertura ao teu Espírito imprime
No coração da família humana
A marca do perdão.

Convence os nossos corações de que
A abertura ao teu Espírito nos leva
A desejar e lutar pela paz em cada família.

Convence os nossos corações de que
A abertura ao teu Espírito nos faz capazes de
Desejar e praticar
A comunhão que tua família vivenciou
Em teu pobre lar em Nazaré.

Convence os nossos corações de que
A abertura ao teu Espírito nos leva
A desejar o amor que praticaste com os teus contemporâneos.

Convence os nossos corações de que
A abertura ao teu Espírito nos leva
A desejar a justiça que sonhaste para o mundo.

Convence os nossos corações de que
A abertura ao teu Espírito nos leva
A acreditar que é sempre possível
A justiça e o perdão no cotidiano da vida familiar.

Convence os nossos corações de que,
Pela abertura ao teu Espírito,
Deus nos convoca a edificar,
No coração da nossa família,
Um altar para tua manifestação amorosa.

Convence os nossos corações de que
A abertura ao teu Espírito nos leva
A não usar os meios de comunicação
De maneira imprópria.

Convence os nossos corações de que
A abertura ao teu Espírito nos leva
A entender que
O computador
Não nos pode tomar o tempo
Que poderia ser gasto com a família.

Convence os nossos corações de que
A abertura ao teu Espírito nos leva
A entender que uma carreira,
Um objeto,
Os sentimentos,
As emoções adoecidas,
Não podem nem devem

Tomar o lugar de Deus
Na vida em família.

Convence os nossos corações de que
A abertura ao teu Espírito nos leva
A entender que
Deus quer habitar e abençoar nossos lares.

Convence os nossos corações de que
A abertura ao teu Espírito nos leva
A devolver ao Senhor,
Em forma de dízimo, a parte dos nossos recebimentos
Que a ele pertence.

> **Exercício do dia:** Invocarmos a luz do Espírito Santo antes de tomarmos decisões.

4º dia

> *Que vossa conversa seja sempre agradável,*
> *com uma pitada de sal,*
> *de modo que saibais responder a cada um*
> *como convém*
> (Cl 4,6).

Ó Jesus, que,
Com tua encarnação,
Criaste com a família humana
Laços indissolúveis,
Manifestados, concretamente,
Em tua vivência histórica,
Ao lado dos teus pais
Maria e José, dócil família de Nazaré.
Educa o nosso coração e também o dos demais membros da nossa família
A uma convivência baseada no diálogo amoroso.

Tu, que és manso e humilde de coração,
Ajuda-nos a crescer no domínio próprio,
Livra-nos dos gritos e insultos,
E não permitas que a tônica seja a discussão.
Educa-nos a conversar e encontrar a harmonia.

Tu, que és manso e humilde de coração,
Livra-nos das constantes acusações recíprocas,
Coloca em nossos lábios palavras de incentivo e de amor,

Ajuda-nos a optar pelo respeito mútuo,
Ensina-nos a respeitar os amigos uns dos outros.

Tu, que és manso e humilde de coração,
Mostra-nos que a abdicação individual de algumas coisas
Transforma-se em benefício para toda a família.
Educa-nos para o cuidado de saber alegrar-nos com as vitórias
E sofrer com os fracassos uns dos outros,
Ensina-nos a respeitar a individualidade uns dos outros,
Livra-nos do caos diário provocado por mau humor e agressões.

Tu, que és manso e humilde de coração,
Ajuda-nos a proporcionar um ambiente alegre, de paz e palavras boas.
Livra-nos do ciúme destruidor,
Faze-nos crescer no amor, na confiança, no respeito e admiração.
Livra-nos da maldição da murmuração e da implicância,
Ajuda-nos a buscar a bênção e as promessas de Deus para o nosso lar.
Ensina-nos a valorizar o que Deus nos tem dado
E a prosseguirmos, juntos, em busca de mais vitórias.

Tu, que és manso e humilde de coração,
Livra-nos de inventar desculpas para nos negarmos uns aos outros,
Ajuda-nos a transformar nossos encontros cotidianos em alegres celebrações.
Fecha as portas dos nossos corações para o inimigo da carência,
Ajuda-nos a valorizar-nos reciprocamente com palavras ternas e elogios.

Ensina-nos a desfrutar de momentos agradáveis que solidificarão a nossa vida familiar.

Tu, que és manso e humilde de coração,
Ajuda-nos a planejar juntos a economia do lar.
Ensina-nos a manter a chama do amor acessa.
Ajuda-nos a descobrir que conviver entre quatro paredes é uma arte,
Uma aprendizagem diária.

> **Exercício do dia:** Pensarmos em cada palavra antes de dirigi-la a qualquer membro da nossa família.

5º dia

Mostrai-vos solidários com os santos
em suas necessidades, prossegui firmes
na prática da hospitalidade
(Rm 12,13).

Ó Jesus, que,
Com tua encarnação,
Criaste com a família humana
Laços indissolúveis,
Manifestados, concretamente,
Em tua vivência histórica,
Ao lado dos teus pais
Maria e José, dócil família de Nazaré.
Ensina a nós e aos membros da nossa família
E das famílias do mundo inteiro,
Por teu exemplo,
A necessidade de nos fazermos solidários,
Em nosso dia a dia, com os necessitados do nosso tempo.

Como tu,
Nós e nossa família
Sejamos para o mundo "amor em atos".
Que as nossas ações manifestem o teu genuíno amor.

Como tu,
Nós e nossa família
Possamos agir amando.

Como tu,
Nós e nossa família
Sintamos no coração do Pai,
Nas tuas mãos,
No teu poder,
Um lugar seguro.

Como tu,
Nós e nossa família
Possamos perceber que
A tua encarnação,
A tua vinda ao mundo, assumindo a vida do homem,
Tem a graça de fazer-nos lembrar o valor da nossa vida.

Faze com que
Todos da nossa família
Tomemos consciência da encarnação
Como ato sagrado que
Uniu a vida frágil do homem a tua vida divina.

Faze com que
Nós e nossa família
Testemunhemos com a nossa prática cotidiana
Que, por tua encarnação,
Manifestada no presépio de Belém,
A vida humana une-se radicalmente à vida divina.

Faze com que
Nós e nossa família
Tomemos consciência de que,
Com tua encarnação,

Revelaste-nos o rosto de Deus
Através da vida humana.
Revelaste ainda o rosto do homem na vida de Deus.

Com o teu chamado divino,
Acorda o nosso coração e
Também o de cada membro de nossa família,
Do sono da insensibilidade e da mentalidade utilitarista.

Com o teu divino apelo,
Não permitas que o nosso coração e
Também o de cada membro da nossa família
Sigam pelos caminhos mais fáceis,
Pelo egoísmo,
Pelo individualismo,
Pelo esquecimento dos mais frágeis.

Com o teu divino chamado,
Ajuda-nos a abraçar a tua vida que,
Na cruz,
Entregaste livremente para que todos nós
Tivéssemos vida e vida em abundância.

Como tu,
Nós e todos os membros da nossa família
Aprendamos que ninguém nasceu inútil,
Mas veio ao mundo para
Fazer e dizer algo para o próprio bem
E para o bem de outras pessoas.

Como tu,
Nós e todos os membros da nossa família
Descubramos que ninguém é importante sozinho.
Somos devedores de muitas pessoas
E coisas para sermos o que somos.

> **Exercício do dia:** Manifestarmos, de forma concreta, nossa solidariedade para com os necessitados que estão em volta de nós.

6º dia

> *O amor seja sincero. Detestai o mal,*
> *apegai-vos ao bem*
> (Rm 12,9)

Ó Jesus, que,
Com tua encarnação,
Criaste com a família humana
Laços indissolúveis,
Manifestados, concretamente,
Em tua vivência histórica,
Ao lado dos teus pais
Maria e José, dócil família de Nazaré.
Tu, que sofreste a crueldade da violência,
Livra a nós e aos membros da nossa família
E a todas as famílias do mundo de todo tipo de violência.

Que, ao teu exemplo,
Nós e cada membro da nossa família evitemos sempre:
Recorrermos a agressões ou ameaças;
Revirarmos os erros do passado como forma de defesa;
Fazermos promessas que não podem ser cumpridas;
Tentarmos solucionar a vida dos demais,
Sem encontrarmos saídas para os nossos próprios problemas.

Que, ao teu exemplo,
Nós e cada membro da nossa família evitemos sempre:
Falar nos momentos em que a sensatez nos chama a ouvir;

A tentação de recorrer a terceiros para dizermos o que precisa ser dito;
Punir alguém por dizer a verdade;
Querer ter sempre a razão e a última palavra.

Que, ao teu exemplo,
Nós e cada membro da nossa família evitemos sempre:
A prática de comportamentos e atitudes que não edifiquem a nossa vida familiar;
Provocar ou alimentar os conflitos e atritos que nos dividem;
Recorrer a palavras ásperas;
Cometer o erro da falsa acusação.

Com os teus exemplos,
Ensina a nós e a cada membro da nossa família o caminho da troca:
Do ressentimento para o perdão;
Do ódio para o amor;
Da escravidão para a liberdade;
Da amargura para o perdão e a cura.

Com os teus exemplos,
Ensina a nós e a cada membro da nossa família que
O desejo de estar perto do outro,
Mais do que um ato que atende as necessidades físicas,
É um ato de amor.

Com os teus exemplos,
Ensina a nós e a cada membro da nossa família que
Não existem pessoas sadias e equilibradas
Sem a formação dos laços afetivos vivenciados em família.

Com os teus exemplos,
Ensina a nós e a cada membro da nossa família que
O vínculo afetivo é conduzido, no ambiente familiar,
Por meio da troca carinhosa e da comunicação,
Vital para o bem-estar e fundamental para a manutenção do amor.

Com os teus exemplos,
Ensina a nós e a cada membro da nossa família que
O crescimento e o desenvolvimento humano
Dependem, em muito,
De um ambiente sadio e de relações verdadeiras.

Com os teus exemplos,
Ensina a nós e a cada membro da nossa família que
Ninguém será verdadeiramente espiritual,
Enquanto não viver a lei de Deus
Simplesmente por amor.

Com os teus exemplos,
Ensina a nós e a cada membro da nossa família que
O amor a Deus se manifesta na obediência aos mandamentos.

Com os teus exemplos,
Ensina a nós e a cada membro da nossa família que
Precisamos habituar-nos a buscar em Deus,
Com fé e esperança,
A solução dos nossos problemas.

Com os teus exemplos,
Ensina a nós e a cada membro da nossa família que,

Com tua graça,
É possível vencermos os nervosismos e descontroles emocionais que afetam a vida em família.

> **Exercício do dia:** Encontrarmos uma forma concreta de reparar um mal praticado, ao longo da existência, a algum membro da nossa família.

7º dia

> *Presta atenção quanto a ti*
> *e o que ensinas...*
> (1Tm 4,16).

Ó Jesus, que,
Com tua encarnação,
Criaste com a família humana
Laços indissolúveis,
Manifestados, concretamente,
Em tua vivência histórica,
Ao lado dos teus pais
Maria e José, que experimentaram na própria carne
Os conflitos e as doçuras da relação familiar cotidiana.

Ajuda-nos,
A tua maneira,
A manter a calma
Nos momentos propícios à irritação.

À tua maneira,
Não permitas que os nossos corações
Se deixem levar pela ira.

À tua maneira,
Impede as nossas ações motivadas pelo ego ferido.

À tua maneira,
Não permitas que os nossos corações
Se deixem levar pelas justificativas mesquinhas.

À tua maneira,
Mantenha os nossos corações
Centrados na serenidade e firmeza.

À tua maneira,
Não permitas que os nossos corações
Sejam levados pela impulsividade.

Mostra, à tua maneira,
As diferentes opções para sairmos do atoleiro,
Da impaciência,
Da falta de compreensão.

Educa o nosso coração
Para que, à tua maneira,
Aprendamos a nos colocarmos no lugar do outro,
Visando compreendê-lo e amá-lo.

Ajuda-nos a perceber que
O autodomínio, ou a temperança, é fundamental para o progresso na vida familiar e espiritual.

Ajuda-nos a perceber que,
Sem o autodomínio, a vida familiar desequilibra.
Por isso, como cristãos, devemos nos esforçar por praticá-lo com empenho.

Ajuda-nos a perceber que
O domínio de si mesmo
É uma das recomendações lapidares do Evangelho.

Ajuda-nos, enquanto família,
A percebermos que,
Em tua prática cotidiana,
Te aplicaste na mortificação,
Dando-nos o exemplo para o controle pessoal,
Jejuando, silenciando-se nos momentos oportunos,
Disciplinando-te na oração,
Suportando os desconfortos sem murmurar
Nem reclamar.

Ajuda-nos, enquanto família,
A perceber que
Tratar com docilidade os interlocutores,
E até com dureza,
Quando necessário,
Sempre dentro das normas da caridade e da justiça,
Faz parte do teu desejo mais profundo.

Ajuda-nos a perceber,
Enquanto família, que
A raiz dos nossos problemas reside na falta de equilíbrio
Interno e externo.

Convence-nos de que
O autocontrole,
Que nos torna mais sociáveis e educados,
É fruto do esforço pessoal de cada um.

Ajuda-nos a sermos mansos,
Misericordiosos,
Trilhando o caminho de uma vida reta.

> **Exercício do dia:** Pararmos e pensarmos: Com qual membro do nosso grupo familiar mais brigamos. Essa pessoa tem motivo para isso, ou não? Se tiver, devemos aceitar a crítica sem nos alterar e tentar mostrar o nosso ponto de vista. Mas, caso não haja motivo, devemos procurar saber a causa desse desentendimento. Pode ser que essa pessoa esteja nervosa ou preocupada com algo que não tenha nada a ver com nós.

8º dia

> *Isso, enquanto permaneceis bem fundamentados na fé,*
> *sem vos desviardes da esperança dada*
> *pelo Evangelho que ouvistes...*
> (Cl 1,23).

Ó Jesus, que,
Com tua encarnação,
Criaste com a família humana
Laços indissolúveis,
Manifestados, concretamente,
Em tua vivência histórica.
Ao lado dos teus pais
Maria e José, dócil família de Nazaré.
Experimentaste no dia a dia o desafio de apostar na esperança.

A teu exemplo,
Dá-nos a graça de apostar na esperança
Diante
Do ilógico,
Do inesperado,
Do inconcebível,

A teu exemplo,
Dá-nos a graça de nos manter na esperança
Diante
Da tragédia,
Da dor.

A teu exemplo,
Dá-nos a graça de nos manter na esperança,
Quando nada aponta o caminho,
Quando pouca coisa faz sentido.

A exemplo de tua família,
Ajuda-me a
Crer quando não há razões para crer,
A esperar quando não há pelo que esperar.

A exemplo de tua família,
Ajuda-nos a
Manter-nos firmes,
Quando a razão não faz mais qualquer sentido,
E a compreender que a fé
É a última instância que nos mantém em pé.

Ajuda-nos a entender que
As tragédias são oportunidades para
Experimentarmos o teu amor incomparável
Que nos refaz a vida (Sl 71,20).

Faze-nos entender que
A tragédia é uma oportunidade
Para reflexão,
Para rever valores,
Para colocar em ordem o que é essencial.

Convence o nosso coração de que
Os momentos de tragédia são tempo de aproximarmo-nos

Do teu amor acolhedor,
Fonte de toda esperança.

Educa o nosso coração para que,
Em meio à tragédia, creiamos
Que a esperança não falha.

Convence o nosso coração,
Sempre avaliando o tempo perdido
Com coisas fúteis,
Com coisas efêmeras.

A teu exemplo,
Dá-nos a graça de nos manter na fé e esperança,
Tanto nas experiências de alegrias
Como nas de dor e tristezas,
Proporcionadas na vivência em família.

A teu exemplo,
Dá-nos a graça de perceber na fé e esperança que
Não há outro lugar no mundo
Onde uma pessoa possa se realizar mais profundamente que na família.

A teu exemplo,
Dá-nos a graça de nos manter na fé e esperança de
Que é na vivência em família que
O poder do amor dá forma aos sonhos.

A teu exemplo,
Dá-nos a graça de na fé e esperança,

Na vivência em família,
Promovermos a segurança,
Construirmos os afetos e
Nos tornarmos mais humanos.

> **Exercício do dia:** Conversarmos sobre os nossos sonhos com relação à família.

9º dia

> *Suplicamos também a Deus que vos fortifique*
> *com todo o vigor pelo seu poder glorioso,*
> *para que vos firmeis na constância e na paciência.*
> (Cl 1,11).

Ó Jesus, que,
Com tua encarnação,
Criaste com a família humana
Laços indissolúveis,
Manifestados, concretamente,
Em tua vivência histórica.
Ao lado dos teus pais
Maria e José, dócil família de Nazaré.
Infunde no nosso coração e também no de cada membro da nossa família
A coragem necessária para enfrentar com maturidade os desafios cotidianos.

A exemplo da Sagrada Família,
Não permitas que a mentalidade utilitarista,
Em que cada um busca o que é seu,
Tome o coração da nossa família.

A exemplo da Sagrada Família,
Não permitas que a mentalidade egoísta da autossatisfação e do proveito próprio,

Em que se quer levar vantagem em tudo,
Tome o coração da nossa família.

A exemplo da Sagrada Família,
Não permitas que a mentalidade da desvalorização,
Em que as pessoas parecem se preocupar apenas
Com a vantagem que levarão,
Tome o coração da nossa família.

A exemplo da Sagrada Família,
Não permitas que aquele tipo de pensamento
Em que quase tudo se torna desculpa para a separação e o divórcio,
Tome o coração da nossa família.

Tu que, junto a teus familiares,
Enfrentaste os diversos desafios do cotidiano,
Afasta da nossa família
A infantilidade e leviandade,
Males constantes em nossa sociedade.

Tu que, junto aos teus familiares,
Enfrentaste os diversos desafios do cotidiano,
Afasta da nossa família
A incapacidade de enfrentar e superar
Os obstáculos que surgem no cotidiano.

Tu que, junto aos teus familiares,
Enfrentaste os diversos desafios do cotidiano,
Afasta do coração da nossa família
O desejo de não unir forças para remover o obstáculo
Ou superá-lo com criatividade e disposição.

Tu que, junto aos teus familiares,
Enfrentaste os diversos desafios do cotidiano,
Afasta da nossa e de todas as famílias
A falta de amor,
Desculpa legítima para se dissolver um casamento.

Tu que, junto aos teus familiares,
Enfrentaste os diversos desafios do cotidiano,
Ensina-nos a nunca reagir com agressividade
Em resposta à agressividade.

Tu que, junto aos teus familiares,
Enfrentaste os diversos desafios do cotidiano,
Ensina-nos a não revidar
As agressões, as palavras duras.

Mantém
Na tua graça o nosso coração,
Para que estejamos dispostos a assumir como cristão uma atitude,
Sendo sal e luz dentro e fora de nossa casa.

Mantém
Na tua graça o nosso coração,
Para que cultivemos na nossa convivência familiar
A virtude da paciência.

Mantém
Na tua graça o nosso coração,
Para que não economizemos o nosso amor,
Mas, ao contrário, o distribuamos e o pratiquemos a todo instante.

Mantém
Na tua graça o nosso coração,
Para que não nos deixemos levar pelas frustrações,
Rompimentos, discórdias.

> **Exercício do dia:** Colocarmos nas mãos de Deus os principais obstáculos enfrentados na vivência familiar.

10º dia

> *O fruto do Espírito é amor, porém, é amor,*
> *alegria, paz, paciência, amabilidade,*
> *bondade, lealdade, mansidão, domínio próprio*
> (Gl 5,22-23).

Ó Jesus, que,
Com tua encarnação,
Criaste com a família humana
Laços indissolúveis,
Manifestados, concretamente,
Em tua vivência histórica,
Ao lado dos teus pais
Maria e José, dócil família de Nazaré.
Ampara o nosso coração e também o de cada membro da nossa família
Com a tua ternura, para que,
A exemplo da tua Sagrada Família em Nazaré,
Sejamos em nosso dia a dia
Construtores da paz.

Faze do nosso lar e da nossa família
Um recôndito de paz;
O espaço do teu eterno presépio.

Mostra
A cada membro da nossa família
A tua maneira de preservar a paz que brota do doce afeto.

Mostra
A cada membro da nossa família
A paz que experimentaste
Durante a doce convivência em Nazaré.

Convence o nosso coração de que
A tua ação amorosa
Criou a família para que seja um refúgio de paz.

Convence o nosso coração de que
A tua ação pacífica
Criou a família para a alegria e o equilíbrio,
Em meio à angústia e desesperança.

Mantém
Na tua graça o nosso coração,
Para que aprendamos que
O amor destrói as desavenças e constrói um lar.

Ajuda-nos a fazer da nossa união,
Sacramento,
Um sinal,
Um instrumento da alegria de Deus.

Ajuda-nos a fazer da nossa união
Um espelho da comunhão da tua família:
Pai, Filho e Espírito Santo.

Não permitas que a nossa união,
O nosso lar,
Seja edificado na areia, sujeito às intempéries da desconfiança,
Da falta de amor-próprio, da indiferença e do comodismo.

Mostra aos nossos corações que
A verdade,
Por mais dolorosa que seja,
Deve ser sempre dita.

Ajuda-nos a perceber que
Situações mal resolvidas trazem sérios resultados:
Falta de comunicação,
Desinteresse um pelo outro,
Culminando, muitas vezes, no distanciamento.

Ajuda-nos a fazer da nossa casa um lar,
Local acolhedor, para que nossos familiares
Não procurem outros lugares para se aconchegarem.

Ajuda-nos
A perceber que a família continua
Tendo um papel fundamental na construção
De uma sociedade sadia,
Na qual as virtudes,
Os valores morais,
O amor e a vida são imprescindíveis.

Ajuda-nos a perceber que
O egoísmo,
O individualismo,
As relações superficiais,
As inimizades,
As intrigas,
São sinais visíveis da desintegração das relações afetivas.

Ajuda-nos a expressar nosso amor
Uns pelos outros,
Não somente com palavras,
Mas com gestos e atitudes.

Ajuda-nos a expressar uns pelos outros
O amor recíproco,
A fidelidade,
O carinho,
O respeito
E a tão sonhada tolerância.

Ajuda-nos a viver a nossa fé
De maneira mais íntima e verdadeira.

Ajuda-nos a perceber que
É na vivência familiar que precisamos ver manifestados a tua graça,
O teu o amor e o teu poder.

Ajuda-nos a reconstruir nossos laços familiares
Tendo como sustento a graça de Deus, que
Restaura,
Liberta,
Redime e transforma os atos e ações.

Ajuda-nos a fundamentar
Os nossos laços familiares
No teu amor e na ação do teu Espírito.

Exercício do dia: Manifestarmos com gestos e ações o desejo de manter a nossa família sempre unida.

11º dia

> *Aprendam também os nossos a destacar-se*
> *nas boas obras, para poderem socorrer*
> *em casos de necessidade e, assim,*
> *não ficarem sem fruto*
> (Tt 3,14).

Ó Jesus, que,
Com tua encarnação,
Criaste com a família humana
Laços indissolúveis,
Manifestados, concretamente,
Em tua vivência histórica,
Ao lado dos teus pais
Maria e José, dócil família de Nazaré.
Liberta o nosso coração e também o de cada membro da nossa família
De tudo que leva ao rancor e ao ressentimento.

Convence o nosso coração de que
O ressentimento tem consequências físicas,
Emocionais e espirituais.

Mostra-nos que
O ressentimento
Não vem da nossa emoção,
Mas da nossa vontade.

Convence o nosso coração de que
As ofensas são oportunidades para ficar
Amargurado,
Ressentido,
Ou para perdoar.

Mostra ao nosso coração
O caminho do perdão,
Quando o nosso desejo o leva ao ressentimento.

Convence o nosso coração
A olhar para as ofensas como oportunidade para
Refletir as qualidades
De um cristão para com o ofensor.

Convence o nosso coração de que
A melhor forma de não se deixar levar pelo ressentimento
É buscar o bem do ofensor (cf. Rm 12,20).

Convence o nosso coração de que
O perdão elimina as mágoas e ressentimentos,
Mantém a família unida,
Aproxima cada vez mais
Os seus membros entre si e com Deus.

Convence o nosso coração de que
A família é o elo mais forte
Com o meu passado e a esperança do meu futuro.

Convence o nosso coração
Da importância de rezarmos uns pelos outros.

Convence o nosso coração de que
A conversão do outro
Depende mais do testemunho que das palavras.

Convence o nosso coração
Da importância do respeito aos nossos pais.
Bons ou maus,
Tua Palavra nos ensina que
Temos o dever de reconhecê-los e honrá-los.

Não permitas que
Nossas preferências pessoais
Dividam-nos ou coloquem dúvidas sobre a fidelidade
De uns para com os outros.

Ajuda-nos a perceber a necessidade de
Cultivar boas relações
Dentro e fora da nossa família.

Ajuda-nos a perceber que
Uma família estruturada
Contribui para que tua Igreja
Seja forte e atuante.

> **Exercício do dia:** Conversarmos com os familiares sobre a importância das boas relações dentro e fora da família.

12º dia

> *Não sejamos ambiciosos de glória,*
> *provocando-nos mutuamente*
> *e tendo inveja uns dos outros*
> (Gl 5,26).

Ó Jesus, que,
Com tua encarnação,
Criaste com a família humana
Laços indissolúveis,
Manifestados, concretamente,
Em tua vivência histórica,
Ao lado dos teus pais
Maria e José, dócil família de Nazaré.
Abastece, com tua graça,
O nosso coração e também o de cada membro da nossa família,
Para que não sejamos movidos pela ganância e pelo poder.

Como tu,
Que nós e todos os membros da nossa família
Aprendamos que amar significa preocupar-nos com os outros.

Como tu,
Que nós e todos os membros da nossa família
Aprendamos que a prática do amor se traduz no oferecimento cotidiano de conforto,
Bem-estar e segurança.

Como tu,
Que nós e todos os membros da nossa família
Aprendamos que aquele que ama
Não pensa nos próprios interesses,
Mas nos interesses do seu irmão,
a quem ama (cf. 1Cor 10,24; Rm 14,15-18.21).

Como tu,
Que nós e todos os membros da nossa família
Aprendamos que todas as pessoas merecem ser amadas,
compreendidas e perdoadas.

Como tu,
Que nós e todos os membros da nossa família
Aprendamos que todas as pessoas do mundo devem receber provas de nosso amor.

Como tu,
Que nós e todos os membros da nossa família
Aprendamos que até os nossos inimigos precisam ser amados.

Como tu,
Que nós e toda a nossa família
Compreendamos que a expressão do nosso amor a Deus
Passa pela obediência ao Pai.

Como tu, em teu ministério,
que nós possamos, em nossa vivência familiar,
Surpreender com atos de amor a Deus.

Livra os nossos corações
Da sensação de que somos cristãos perfeitos,
Diferentes e especiais.

Ajuda-nos a compreender que,
Sem um firme propósito de amar sem medida,
Todo esforço não passará de pobre vaidade pessoal,
De um alimento que nutre o ego.

Ajuda-nos a compreender que
O egoísmo,
Quando fortalecido pela arrogância,
Torna-se inimigo mortal do autêntico amor cristão.

Mostra aos nossos corações que
O egoísmo destrói toda e qualquer
Possibilidade de crescimento espiritual.

Ajuda-nos a compreender que
A verdadeira alegria de ser cristão
Brota do coração,
Pelo muito que amamos e pelo desejo de amar sempre mais e melhor.

Mostra ao nosso coração
E também ao de cada um dos membros da nossa família que
O amor é a única e grande arma na luta contra o egoísmo.

> **Exercício do dia:** Verificarmos se, ao longo da nossa convivência familiar, tivemos como hábito diminuir as pessoas ou algum membro da nossa família, através de críticas que, no fundo, aliviavam o mal-estar do desequilíbrio causado pelos nossos sentimentos de inveja.

13º dia

> *Deus é testemunha de que tenho saudades de todos vós,*
> *com a ternura do Cristo Jesus*
> (Fl 1,8).

Ó Jesus, que,
Com tua encarnação,
Criaste com a família humana
Laços indissolúveis,
Manifestados, concretamente,
Em tua vivência histórica,
Ao lado dos teus pais
Maria e José, dócil família de Nazaré.
Não permitas que a falta de afeto distancie
O nosso coração e também o de cada membro da nossa família.

A exemplo da tua convivência fraterna,
Ajuda-nos a respeitar o jeito que cada um escolheu para ser.

A exemplo da tua capacidade de convivência com o diferente,
Ajuda-nos respeitar os sentimentos e o jeito de cada um.

A exemplo da tua comunicação, que facilitava a convivência mútua,
Ajuda-nos a comunicar os nossos sentimentos,
A resolver os nossos conflitos
Sem palavras duras,
Sem agressões e sem violência.

A exemplo da tua dócil atitude, que
Ampliava a convivência,
Ajuda-nos a desenvolvermos atitudes fraternas e amorosas.

A exemplo da tua afável presença diante dos conflitos e
acusações,
Ajuda-nos a nos libertar das acusações manifestadas
Nas agressões,
Nos palavrões e nas ofensas cotidianas.

A exemplo da tua afável presença,
Retira dos nossos corações
Tudo o que favorece os palavrões,
As agressões e atitudes violentas.

A teu terno exemplo,
Ajuda-nos a enfrentar as nossas ameaças,
Mas, ao mesmo tempo,
Indica-nos caminhos para vencê-las.

A exemplo do teu senso de humor,
Em lugar de irritar o outro,
Nós procuremos sempre
Fazer o máximo para que experimentemos a paz.

A exemplo da tua compreensão,
Livra os nossos corações
Das constantes idealizações que temos em relação aos outros,
Uma vez que elas nos levam a esperar comportamentos que
algumas pessoas não têm condições de assumir.

A exemplo da tua compreensão,
Livra os nossos corações
Das constantes idealizações que temos em relação aos outros,
As quais sempre desencadeiam mágoas e tristezas.

A exemplo da tua paciência,
Concede aos nossos corações
A capacidade de respeito ao outro,
De respeitar as imperfeições do outro.

> **Exercício do dia:** Avaliarmos a nossa capacidade de respeitar o outro, dando-nos nota de um a dez.

14º dia

> *Desde criança conheces as Escrituras Sagradas.*
> *Elas têm o poder de te comunicar a sabedoria*
> *que conduz à salvação pela fé no Cristo Jesus*
> (2Tm 3,15).

Ó Jesus, que,
Com tua encarnação,
Criaste com a família humana
Laços indissolúveis,
Manifestados, concretamente,
Em tua vivência histórica,
Ao lado dos teus pais
Maria e José, dócil família de Nazaré.
Alimenta o nosso coração e também o de cada membro da nossa família
Com a tua Palavra, para que,
A exemplo da tua sagrada família em Nazaré,
Ajudemo-nos na construção de uma sociedade baseada nos teus desejos.

Ajuda-nos a fazer do nosso lar
Um encontro com tua Palavra, que gera amor e a alegria.

Ajuda-nos,
Em nossa convivência familiar, a nos
Mantermos fiéis ouvintes da tua Palavra, que fala no coração.

Ajuda-nos a experimentar,
Como família,
No silêncio de nossos gestos,
Na doação espontânea,
O teu amor restaurador.

Ajuda-nos a alicerçar o nosso lar,
As nossas relações cotidianas,
No alicerce dos teus ensinamentos.

Ajuda-nos a alicerçar a nossa casa
Na tua Palavra, para que
Sejamos mais fortes que as contrariedades,
As dificuldades e as injustiças.

Ajuda-nos a compreender que
A tua Palavra
Ensina que viver em família significa:
Doação para acolher,
Serviço para festejar,
Renúncia para valorizar.

Não nos deixas jamais esquecer que
A tua Palavra ensina a
Olhar a nossa família com o teu olhar,
Amar a família com o teu amor,
Perdoar a nossa família com o teu perdão,
Viver para os teus filhos e nossos irmãos,
Dando-lhes honra e prioridade.

Ajuda-nos
A descobrir que a leitura, o estudo e o compromisso
Com a tua Palavra são fundamentais para a nossa salvação.

Ajuda-nos
A descobrir que precisamos constantemente da tua Palavra
Para nos salvarmos de nós próprios,
Dos nossos desvios,
Dos nossos erros,
Do nosso pecado e da nossa desilusão.

Ajuda-nos
A entender que
Quem não ouve a tua Palavra,
Não consegue conhecê-lo em profundidade.

Mostra-nos
Que fazer a tua vontade
Não é simplesmente uma questão de boa vontade,
Mas de disponibilidade para escutar a tua Palavra
e de fidelidade para pô-la em prática.

Ajuda-nos
A entender que
Fazer o que tu pedes significa pôr em prática a Palavra do teu
e nosso Pai.

Ajuda-nos
A entender que
Servir ao jeito da tua Palavra
Significa estar disponível aos outros.

Ajuda-nos
A entender que a tua exigência não é por
Profissionais ou funcionários das tuas coisas,
Mas por pessoas de coração disponível à escuta da Palavra e da
vontade amorosa de Deus.

Ajuda-nos
A entender que
Se sentar a teus pés para escutar a tua Palavra
É condição necessária para aprendermos
A fazer e a servir como Deus gosta.

> **Exercício do dia:** Selecionarmos uma hora do dia para fazer uma leitura silenciosa e amorosa da Sagrada Escritura.

15º dia

> *Completem a minha alegria:*
> *tenham uma só aspiração, um só amor,*
> *uma só alma e um só pensamento*
> (Fl 2,2).

Ó Jesus, que,
Com tua encarnação,
Criaste com a família humana
Laços indissolúveis,
Manifestados, concretamente,
Em tua vivência histórica,
Ao lado dos teus pais
Maria e José, dócil família de Nazaré.
Concede ao nosso coração e também ao de nossa família
Cultivarmos um relacionamento baseado na tua leveza e alegria,
Para que sejamos, em nossa comunidade,
Sementes de uma nova família.

Educa os nossos corações com a tua alegria,
Para que tenhamos
A satisfação com que
Estabelecias as relações mais intensas.

Educa os nossos corações com tua ternura,
Para que enfrentemos na paz os tempos mais difíceis.

Abre os nossos corações para acolher,
À tua maneira,
A harmonia,
O equilíbrio e a comunicação,
Vivenciados em teu lar em Nazaré.

Alimenta os nossos corações com a tua paciência,
Quando as queixas,
O cansaço e a impaciência tomam nossas almas.

Cultiva,
À tua maneira, em nossos corações,
O hábito do respeito mútuo.

Planta em nossos corações
A docilidade com que foste educado,
Na convivência familiar em Nazaré.

Educa os nossos corações,
À tua maneira,
Para a tolerância de uns para com os outros,
Como experimentaste em Nazaré.

Encaminha os nossos corações
Para as demonstrações de afeto e alegria compartilhada.

Mostra aos nossos corações
Tua maneira de expressar o amor,
Através de palavras e pequenos gestos.

Desvia
Dos nossos corações,
A teu modo,
O desejo de não levar em conta
O envolvimento na vida familiar.

Ajuda-nos,
À tua maneira,
A manter a calma
Nos momentos propícios à irritação.

À tua maneira,
Não permitas que os nossos corações
Se deixem levar pela ira.

À tua maneira,
Impede que as nossas ações
Sejam motivadas pelo ego ferido.

À tua maneira,
Não permitas que
Os nossos corações se deixem levar pelas justificativas mesquinhas.

À tua maneira,
Mantém os nossos corações
Centrados na serenidade e firmeza.

À tua maneira
Não permitas que
Os nossos corações sejam levados pela impulsividade.

Mostra,
À tua maneira,
As diferentes opções para se sair do atoleiro,
Da impaciência e da falta de compreensão.

Educa o nosso coração
Para que, à tua maneira,
Aprendamos a nos colocar no lugar do outro,
Para compreendê-lo e amá-lo.

Mostra-nos que
O amor-próprio ferido impede o nosso crescimento.

Ajuda-nos a desenvolver,
Em nosso lar,
O espírito de solidariedade, para que os membros da minha família
Não acabem por contar mais com pessoas de fora do que conosco.

Livra-nos sempre
Das críticas constantes,
De fazer promessas e não cumpri-las,
De trair confidências,
De criar barreiras ao relacionamento.

> **Exercício do dia:** Procurarmos alguém do grupo familiar e partilharmos com essa pessoa um momento de alegria, proporcionado pela vivência em família.

16º dia

*E não cuide somente do que é seu,
mas também do que é dos outros.
Haja entre vós o mesmo sentir e pensar
que no Cristo Jesus*
(Fl 2,4-5).

Ó Jesus, que,
Com tua encarnação,
Criaste com a família humana
Laços indissolúveis,
Manifestados, concretamente,
Em tua vivência histórica,
Ao lado dos teus pais
Maria e José, dócil família de Nazaré.
Ensina a mim e a todos os membros da minha família que,
No seio familiar, devemos oferecer e receber
As primeiras experiências de amor.

Faze que
Recebamos a tua Palavra
Como um presente do amor do Pai para conosco.

Como tu,
Que vejamos uma manifestação palpável do amor trinitário.

Como tu,
Que não nos esqueçamos de que fazemos parte
De um grande projeto de amor do nosso Deus.

Como tu,
Que aprendamos que o amor faz com que nos
Preocupemos com os outros.

Como tu,
Que possamos perceber o amor do Pai para conosco (cf. Cl 1,16).

Como tu,
Que experimentemos o amor que experimentaste
No doce lar de Nazaré
De uma forma intensa.

Como tu,
Que vivenciemos o amor a Deus e ao próximo.

Como tu,
Que pautemos as nossas decisões no amor
Com que tua família amou o mundo.

Como tu,
Que balizemos as nossas emoções no amor do Pai.

Como tu,
Que não pautemos a nossa existência em ambições,
Mas na possibilidade de realização das tuas promessas.

Como tu,
Que aprendamos que amar a Deus é deixar que
Ele viva em nossas vidas.

Como tu,
Que saibamos que amar a Deus é permitir que
A presença do Criador se manifeste em nossos membros,
Em nossa mente,
Em nosso espírito.

Ajuda-nos a compreender que
O amor vivenciado pela tua Sagrada Família,
Além de uma opção,
É um mandamento.

Ajuda-nos a compreender que
O amor é dever, e não obrigação.

Ajuda-nos a compreender que
A falta de amor não deve ser usada
Como desculpa para a separação.

Ajuda-nos a compreender que,
Plantando o amor,
Entre nós,
Colheremos os frutos da felicidade.

> **Exercício do dia:** Dedicarmos algumas horas do dia a um trabalho voluntário em nossa comunidade ou em uma instituição de caridade nas proximidades.

17º dia

> *E que o Senhor dirija os vossos corações*
> *para o amor de Deus e para*
> *a constância de Cristo*
> (2Ts 3,5).

Ó Jesus, que,
Com tua encarnação,
Criastes com a família humana
Laços indissolúveis,
Manifestados, concretamente,
Em tua vivência histórica,
Ao lado dos teus pais
Maria e José, dócil família de Nazaré.
Concede ao nosso coração e também ao de cada membro da nossa família
O precioso dom do amor fraterno, para que,
A exemplo da tua sagrada família em Nazaré,
Sejamos sementes do teu amor humano em nosso lar.

Senhor, tu que
Docilmente nos ensinaste
A amar para receber amor de volta.

Ajuda-nos a perceber que
O mundo está sedento do teu amor verdadeiro.
Quem não descobre o teu amor
Não consegue ser feliz.

Ajuda-nos a perceber que,
Em família,
Quando um dos membros sente-se amado e valorizado,
Retribui o que recebe.

Ajuda-nos a compreender que
Devemos, entre nós,
Plantar amor,
Para colhermos o amor da tua presença.

Convence-nos de que
A falta de amor corrói não só o coração,
Mas a vida também.

Faze-nos entender que
A falta de cultivo do amor
Concede lugar a outros sentimentos,
Entre eles o ódio, a amargura...

Livra-nos da tentação,
Do casamento de fachada.
Ou seja, aqueles casais que demonstram uma felicidade aparente para a sociedade,
Entretanto, entre quatro paredes,
O clima é outro.

Não nos deixes esquecer de que
A separação deve ser o último recurso para um casal.
Enquanto houver possibilidades,
Haverá esperança.

Ajuda-nos a entender que
Se engana quem pensa que somente a separação no papel
Causa ressentimentos.

Ajuda-nos a perceber que
É dentro das famílias que se forma o caráter intelectual e espiritual e,
Assim, se cumpre a ordem do Senhor.

Convence o nosso coração de que
A nossa família é o espaço visível e revelador do teu amor.

Convence o nosso coração a contribuir para que
A nossa família se torne a morada do teu amor,
Através de uma experiência absolutamente simples e bela: o perdão.

Convence o nosso coração de que
Uma família só pode ser sustentada pelo amor.

Convence o nosso coração de que
Quem ama procura fazer algo em favor do outro.

Convence o nosso coração de que,
Se não estamos vivendo bem em família,
Precisamos analisar onde ficou o amor.

Convence o nosso coração de que,
Fazendo um resgate do amor,
Será fácil perdoar.

Convence o nosso coração de que
Só o amor
Quebra o egoísmo que nos prende em nós mesmos.

Convence o nosso coração de que
Só o amor
Derruba o muro que construímos em volta de nós mesmos.

Convence o nosso coração de que
Só o amor
Elimina o desejo de obrigar os outros a estarem a nosso serviço.

Convence o nosso coração de que
Pedir, dar e aceitar o teu amor
É uma necessidade vital para a saúde emocional,
Espiritual e até física,
De qualquer família.

Empresta-nos o teu olhar amoroso,
Para que vejamos a nossa família como presente de Deus,
Nosso Pai.

> **Exercício do dia:** Percebermos, à luz do amor de Deus, qual dos nossos familiares é o menos amado, para praticarmos algum gesto de amor para com ele.

18º dia

> *Que ele faça Cristo habitar em vossos corações pela fé,*
> *e que estejais enraizados e bem firmados no amor.*
> *Assim estareis capacitados a entender,*
> *com todos os santos, qual a largura, o comprimento,*
> *a altura, a profundidade...;*
> *conhecereis também o amor de Cristo...*
> (Ef 3,17-19).

Ó Jesus, que,
Com tua encarnação,
Criaste com a família humana
Laços indissolúveis,
Manifestados, concretamente,
Em tua vivência histórica,
Ao lado dos teus pais
Maria e José, dócil família de Nazaré.
Concede ao nosso coração
O precioso dom da compreensão,
Para que, a exemplo da tua sagrada família em Nazaré,
Sejamos sinais da tua presença compreensiva em nossos lares.

Ajuda-nos a entender que
Não existem pessoas semelhantes em todos os aspectos.
Cada indivíduo é distinto.

Ajuda-nos a entender que
Somos diferentes e que isso
Exige aprendermos a nos aceitarmos sem exigências,

Sem críticas, ataques, recriminações,
Sem armas, que só trarão destruição.

Ajuda-nos a compreender que
Não podemos mudar ninguém.

Ajuda-nos a compreender que
Só conseguiremos mudar a nós mesmos.

Ajuda-nos a compreender que,
Quando mudamos,
Os outros tendem a mudar em relação a nós.

Ajuda-nos a compreender que
O temor do Senhor é a base de sustentação
Dos relacionamentos humanos,
Como ensinaste.

Ajuda-nos a compreender que
Todos, a partir de nós,
Devem procurar nutrir o amor e o afeto.

Ajuda-nos a compreender que,
Sem esforço, não existe
Unidade,
Harmonia,
Felicidade no lar.

Ajuda-nos a compreender que
Fazer tempestade num copo d'água,
Supervalorizar o irrisório,
É fruto de imaturidade.

Ajuda-nos a compreender que
A falta de comunicação
Dificulta o relacionamento e a compreensão mútua.

Ajuda-nos a compreender que
Palavras duras e cruéis,
Ausência de palavras amigas,
Dificultam a boa convivência.

Ajuda-nos a compreender que
Falta de afeto,
Falta de elogios em particular e em público,
Alimentam a distância entre nós e nossos familiares.

Ajuda-nos a compreender que,
Por tua vontade,
O amor que nutrimos um pelo outro pode perdurar sempre.

> **Exercício do dia:** Avaliarmos nossa capacidade de amar a família, dando-nos nota de um a dez.

19º dia

> *Entoai juntos salmos, hinos*
> *e cânticos espirituais;*
> *cantai e salmodiai ao Senhor, de todo o coração*
> (Ef 5,19).

Ó Jesus, que,
Com tua encarnação,
Criaste com a família humana
Laços indissolúveis,
Manifestados, concretamente,
Em tua vivência histórica,
Ao lado dos teus pais
Maria e José, dócil família de Nazaré.
Concede-nos
O desejo de rezarmos juntos
Pelo nosso bem
E pela salvação do mundo inteiro,
A exemplo da tua sagrada família em Nazaré.

Ajuda-nos a fazer da nossa família
Um lugar de comunhão profunda com tua santa vontade.

Ajuda-nos a orar uns pelos outros,
Com o amor
Incondicional,
Espontâneo
E livre.

Ajuda-nos a entender que,
Sem uma vida de oração,
Não pode haver felicidade
E paz no seio familiar.

Mantém,
Pela oração,
O nosso coração
Na tua graça, para que
Não façamos a opção pelo engano,
Pela mentira,
Pelo pecado.

Mantém
O nosso coração sempre na oração, para que
Vivamos em nosso lar
A tua divina graça.

Mantém
O nosso coração
Na tua palavra, para que
Restauraremos os seus conceitos e valores.

Mantém
O nosso coração na tua graça, para que
Sejamos unidos entre nós.

Matura
O nosso coração em tua graça, para que
Sejamos maduros o suficiente para reverter os momentos difíceis.

Matricula
Em tua escola
Os nossos corações, para que
Vivenciemos em casa
A forma de nos relacionarmos com o mundo.

Desperta os nossos corações,
Para, através da oração,
Tomarmos consciência de que
Uma das maiores prioridades do nosso tempo
É a preservação das relações familiares.

Mantém
O nosso coração sempre na oração,
Para que não haja entre nós um distanciamento
Emocional e espiritual.

Mantém
O nosso coração sempre na oração,
Para que saibamos sempre que,
Nesta era de comunicação de primeira linha,
Ao omitirmos as orações familiares,
Estamos omitindo a nossa comunicação com Deus.

Mantém
O nosso coração sempre na oração,
Para que tomemos consciência de que,
Ao abrir mão do diálogo em família,
Deixamos de desfrutar da união
Com Deus através da oração.

Exercício do dia: Reunirmos os membros da família para recitar o Salmo 46.

20º dia

> *É pela graça de Deus que sou o que sou.*
> *E a graça que ele reservou para mim não foi estéril*
> (1Cor 15,10).

Ó Jesus, que,
Com tua encarnação,
Criaste com a família humana
Laços indissolúveis,
Manifestados, concretamente,
Em tua vivência histórica,
Ao lado dos teus pais
Maria e José, dócil família de Nazaré.
Dá-nos a consciência do quanto somos abençoados
E agraciados.

Ajuda-nos a compreender,
No dia a dia, com ações e gestos,
O quanto, por tua graça,
Somos ajudados.

Mostra-nos o quanto fomos e somos,
Por tua graça,
A cada minuto, estimulados.

Ajuda-nos a perceber o quanto,
Como família,

Por teu amor,
Somos amados.

Ensina-nos a perceber o quanto,
Por tuas mãos,
Somos protegidos.

Ajuda-nos a descobrir
A simplicidade,
A beleza contida nos gestos de agradecimentos cotidianos.

Mantém acesas em nossos corações
As manifestações de agradecimento,
Não como simples repetição mecânica de palavras,
Mas com a sinceridade
E o calor da verdade de quem agradece.

Livra os nossos corações do agradecimento
Como uma forma de obrigação ou a contragosto.

Ajuda-nos a perceber que
Nosso agradecimento eleva e enobrece aqueles a quem agradecemos.

Mostra aos nossos corações que
Agradecer é:
Doar-se em sinceridade ao outro,
Reconhecer a sua importância.

Livra-nos da ingratidão,
Fruto do esquecimento dos benefícios recebidos.

Ajuda-nos, como família,
A optar pela gratidão a teu divino amor.

Dá-nos
Um coração sensível e agradecido
Para com todos aqueles que foram usados pela tua divina bondade
Para nos abençoar e nos fazer o bem.

Dá-nos
A alegria de praticar a tua bondade,
A misericórdia e a paciência necessárias para que vejamos entre nós,
Através dos nossos atos,
A tua bondade e o teu amor.

Aumenta em nós,
E em todos os que fazem parte do nosso grupo familiar,
O teu senso de proteção mútua, para que
Sejamos, entre nós,
Instrumento da tua ação diante das adversidades e dores.

Dá-nos,
E a todos os que fazem parte do nosso grupo familiar,
A graça de corrigir os atos que não te agradam,
Sobretudo, a falta de corações agradecidos.

> **Exercício do dia:** Fazermos uma lista de todas as pessoas que, ao longo da história, foram sinais da presença de Deus para nossa família.

21º dia

Quero, assim, conhecer a Cristo,
o poder da sua ressurreição
e a comunhão em seus sofrimentos,
para tornar-me semelhante a ele em sua morte,
a fim de alcançar, se possível,
a ressurreição dos mortos
(Fl 3,10-12).

Ó Jesus, que,
Com tua encarnação,
Criaste com a família humana
Laços indissolúveis,
Manifestados, concretamente,
Em tua vivência histórica,
Ao lado dos teus pais
Maria e José, dócil família de Nazaré.
Tu conheceste muito de perto a dor da decepção.
Não permitas que os nossos corações se deixem levar pela decepção
Com as pessoas mais próximas,
Devido a propósitos não cumpridos.

Não permitas que
Os nossos corações se deixem levar pela decepção,
Quando os sonhos escapam pelos nossos dedos.

Não permitas que os nossos corações se deixem levar pela decepção,
Por motivos banais ou até muito sérios.

Não permitas que os nossos corações se deixem levar pela decepção,
Quando não se consegue alcançar um objetivo proposto.

Ajuda-nos a entender que
Não há no mundo inteiro uma única pessoa que
Nunca tenha passado por uma decepção.

Ajuda-nos a entender que
Não há outra regra de sobrevivência
A não ser a disposição de aprender com os erros,
Ainda que nos frustremos com os obstáculos do caminho.

Não permitas que
Os obstáculos façam a fraqueza gritar mais alto do que a nossa força.

Tu que conheces nossa estrutura familiar,
Quando a decepção tomar o nosso coração,
Ajunta os nossos pedaços,
Reconstrói o nosso lar.

Tu que, com amor,
Cuidas de cada um de nós,
Encaminha os nossos corações
Em busca de maturidade integral.

Tu que, com carinho,
Olhas para cada um de nós,
Torna fortes os nossos laços de amor para
Que sejamos capazes de suportar as mais difíceis provas.

Tu, que sofreste com várias decepções,
Sabes que uma pessoa decepcionada,
Desiludida,
Quase sempre aloja dentro si feridas e amarguras,
Tornando-se isolada,
Com dificuldade de confiar novamente em alguém.
Ajuda-nos a conversar abertamente sobre as questões que nos decepcionaram.

Tu que não fixaste os olhos na desilusão,
Porque não esperavas reconhecimento dos homens,
Mas do Pai.

Dá-nos, como família,
A graça de buscarmos em tua Palavra
A força necessária para superarmos nossas decepções.

Tu que
Sabes muito bem que,
Onde estiver o ser humano, haverá riscos de desilusão.
Ajuda-nos a entender que,
Por maior que seja a nossa dor,
Não é ou foi maior do que aquela que enfrentaste
Sozinho e abandonado por aqueles que
Por muito tempo haviam caminhado contigo.

Exercício do dia: Reunirmos os membros da família para conversar, com sinceridade, sobre as decepções causadas um ao outro.

22º dia

> *Pelo contrário, sede bondosos e compassivos,*
> *uns com os outros, perdoando-vos mutuamente,*
> *como Deus vos perdoou em Cristo*
> (Ef 4,32).

Ó Jesus, que,
Com tua encarnação,
Criaste com a família humana
Laços indissolúveis,
Manifestados, concretamente,
Em tua vivência histórica,
Ao lado dos teus pais
Maria e José, dócil família de Nazaré.
Ajuda-nos a vencer o orgulho que impede a prática da humildade
E contribui para o desajustar dos relacionamentos.

Ajuda-nos a lutar contra o orgulho, que
Nos impede, como família,
De viver a compreensão,
O respeito e a harmonia.

Ajuda-nos a lutar contra os subprodutos do orgulho:
A soberba,
A altivez,
A arrogância e a presunção.

Ajuda-nos a lutar contra o orgulho,
Instrumento de desintegração em todos os vínculos sociais,
Especialmente na vida familiar.

Ajuda-nos a lutar contra o orgulho, que
Nos distancia das pessoas
E as leva a se afastarem de nós,
Resultando no isolamento físico e sentimental.

Ajuda-nos a entender que a ruína dos relacionamentos,
Geralmente,
É precedida pelo orgulho, que nos fecha o coração um ao outro.

Mostra ao meu coração e também ao de cada membro da nossa família que
A humildade é pacífica,
Une as pessoas,
Enquanto o orgulho é perverso,
Sempre instiga à separação.

Livra-nos
Da tentação do excesso de amor-próprio,
Subproduto do orgulho,
Que sempre nos leva a nos contrariarmos por pequenos motivos.

Livra-nos de
Reações explosivas,
Subproduto do orgulho, que
Nos leva sempre a
Reagir de maneira agressiva

Às observações ou críticas de outros,
Em relação ao nosso comportamento.

Livra-nos de
Necessitar ser o centro das atenções,
De fazer prevalecer sempre as nossas próprias ideias,
Subproduto do orgulho, que nos leva sempre a
Não assumir nossos próprios erros,
Menosprezar as ideias do próximo,
Usar sempre de ironia e deboche para com os outros, em ocasiões de conflitos.

> **Exercício do dia:** Suplicarmos, à luz da fé, a graça de nos libertarmos de atitudes carregadas de orgulho.

23º dia

> *A vós foi concedida a graça,*
> *não só de crer em Cristo,*
> *mas também de sofrer por ele*
> (Fl 1,29).

Ó Jesus, que,
Com tua encarnação,
Criaste com a família humana
Laços indissolúveis,
Manifestados, concretamente,
Em tua vivência histórica,
Ao lado dos teus pais
Maria e José, dócil família de Nazaré.
Concede ao nosso coração e também ao de cada membro
da nossa família
O precioso dom da fé na tua ressurreição, para que,
A exemplo da tua sagrada família em Nazaré,
Sejamos sinais da tua presença gloriosa em nossos lares.

Concede-nos o dom da fé
Na tua presença gloriosa, quando
Nos vermos,
Como família,
Diante de situações em que a nossa fé é colocada à prova.

Concede-nos o dom da fé
Na tua presença gloriosa,

Diante das dificuldades causadas por
Enfermidades,
Desemprego,
Educação dos filhos,
Finanças e relacionamento,

Concede-nos o dom da fé
Na tua presença gloriosa, quando
Algumas circunstâncias negativas
Tomam-nos de sobressalto,
Tentam nos derrubar.

Concede-nos o dom da fé
Na tua presença gloriosa, quando,
De forma coletiva,
somos dominados pela dúvida e pela incredulidade.

Concede-nos o dom da fé
Na tua presença gloriosa, quando
Os problemas e as lutas agigantam-se diante de nós.

Ajuda-nos a ver e crer que
O milagre pode acontecer,
Mesmo quando tudo parecer dizer o contrário.

Concede-nos o dom da fé
Na tua presença gloriosa, quando
Fazemos contato com tua Palavra,
Ou estamos em conexão com ela.

Concede-nos
A graça de compreender que
O veículo de aceitação da tua bondade é a fé.

Concede-nos
A consciência de compreender que
A salvação é oferecida pela graça,
Mas ela tem que ser aceita,
Recebida,
Praticada pela fé.

Concede-nos
A graça de compreender que
A fé, assim como o amor,
Está sempre ligada a outras virtudes e qualidades,
Como a paciência,
A esperança e as boas obras.

Concede-nos
A graça de compreender que
O dom da fé envolve
Conhecimento, sabedoria ou discernimento de espíritos.

> **Exercício do dia:** Suplicarmos, à luz do Espírito Santo, a graça de percebermos na história pessoal e familiar a mão de Deus conduzindo os nossos passos.

24º dia

> *Uma só coisa: comportem-se como pessoas*
> *dignas do Evangelho de Cristo*
> (Fl 1,27).

Ó Jesus, que,
Com tua encarnação,
Criaste com a família humana
Laços indissolúveis,
Manifestados, concretamente,
Em tua vivência histórica,
Ao lado dos teus pais
Maria e José, dócil família de Nazaré.
Restaura o nosso coração e também o de cada membro da nossa família,
Para que não sejamos levados pela prática do preconceito e discriminação,
Responsáveis, em boa parte,
Pela divisão entre os irmãos.

Concede-nos a graça de
Conviver e aceitar a diferença entre os membros de nossa família
E as famílias de fora.

Livra o nosso coração,
E o coração de cada membro da nossa família,
Do preconceito, causado pela ignorância,
Pelo não conhecimento do outro, que é diferente.

Ajuda-nos a compreender que
O preconceito leva à discriminação,
À marginalização e à violência.

Mostra aos nossos corações que
O preconceito dificulta a vivência do respeito,
Do amor ao próximo, de forma objetiva e sensata.

Afasta dos nossos corações a prática
Injusta e precipitada do julgamento
Contra o nosso próximo,
Seja ele quem for
Ou aparente ser.

Faze-nos compreender que
O preconceito é um obstáculo ao desenvolvimento
E ao relacionamento humano.

Ajuda-nos a compreender que a discriminação é uma arma que
Perfura,
Maltrata,
E mata aos poucos a estima dos nossos irmãos e irmãs.

Ajuda-nos a perceber que,
Sendo a família um ambiente social interativo,
Necessita de atitudes que visem à formação de cidadãos com valores,
de forma a respeitarem as pessoas e suas diferenças.

Faze-nos compreender que
Dentre as consequências do preconceito estão

A dificuldade de se relacionar,
As atitudes de competição,
A agressão e a violência cotidianas,
O sentimento de inferioridade e superioridade,
O potencial comprometido e o fracasso familiar.

Ajuda-nos a peceber que
O preconceito e a discrimição, disfarçados sob a forma de brincadeiras,
E comuns na vida familiar,
Deixam cicatrizes profundas na vida das pessoas.

Ajuda-nos a compreender que
Aqueles que se formam em um ambiente familiar preconceituoso,
Propagam o preconceito em suas relações,
Em seu círculo de amizades,
Em seu trabalho,
Na comunidade,
Enfim,
Perpetuam isso em suas vidas.

> **Exercício do dia:** Analisarmos, com sinceridade, as atitudes de preconceito e discriminação presentes nas brincadeiras e práticas familiares.

25º dia

> *Experimentamos, em nós mesmos,*
> *a angústia de estarmos condenados à morte,*
> *Assim, aprendemos a não confiar em nós mesmos,*
> *mas a confiar somente em Deus*
> *que ressuscita os mortos*
> (2Cor 1,9).

Ó Jesus, que,
Com tua encarnação,
Criaste com a família humana
Laços indissolúveis,
Manifestados, concretamente,
Em tua vivência histórica,
Ao lado dos teus pais
Maria e José, dócil família de Nazaré.
Concede-nos a graça de compreender que
Um dos pilares de sustentação de uma vida familiar saudável
É uma relação baseada na confiança.

Educa o nosso coração e também o de cada membro da nossa família
A entender a importância da confiança entre nós
E em tua Palavra.

Faze-nos compreender que,
Quando duvidamos das palavras e atitudes de nossos familiares,
A convivência,
O vínculo familiar ficam abalados.

Ajuda-nos a fazer da nossa casa
Um lar onde nos sintamos confiantes
E amados de verdade.

Ajuda-nos a ouvir, com confiança,
Cada membro da nossa família,
A ganhar conhecimento do seu mundo,
Dos seus sentimentos e de suas preocupações.

Livra o nosso coração e também o de cada membro da nossa família
Das incansáveis promessas que levam ao descrédito,
À dor da desconfiança e à mágoa.

Livra o nosso coração e também o de cada membro da nossa família
Da tentação da desconfiança, que
Leva a esconder os problemas,
A não buscar auxílio,
A tentar resolver tudo sozinho,
Provocando um desgaste maior.

Ajuda-nos a entender que
A confiança estabelecida no ambiente familiar
É um poderoso instrumento
Na geração de autoestima e autoconfiança.

Faze-nos compreender que
A confiança mútua
Reduz os atritos entre as pessoas,
Melhora os relacionamentos familiares.

Ajuda-nos a compreender que,
Quando os membros de uma família confiam uns nos outros,
Há maior disposição em cooperar,
Compartilhar conhecimentos e afetos.

Ajuda-nos a compreender que,
No mundo atual,
Torna-se extremamente necessária
A existência
De maior integração,
Fluidez e flexibilidade entre nós.

Ajuda-nos a compreender que
A transparência,
Atitude de dizer a verdade,
Tem como base uma relação familiar pautada na confiança.

Mostra ao nosso coração e também ao de cada membro da nossa família que
A confiança predispõe as pessoas a abrirem-se para ouvir,
Para compreender o outro.

Mostra ao nosso coração e também ao de cada membro da nossa família que
Criamos canais de comunicação,
Quando assumimos posturas que favorecem
O nosso relacionamento familiar.

Ajuda-nos a entender que,
No relacionamento familiar,
Quando se perde a confiança, a tendência é o esfriamento,

Ajuda-nos a compreender que,
Dentro da família ou fora dela,
Ninguém gosta de ser passado para trás.

Ajuda-nos a compreender que,
Dentro da família ou fora dela,
Ninguém quer ser enganado.
E quando isso acontece,
Principalmente entre os familiares,
A confiança vai por água abaixo.

> **Exercício do dia:** Num momento de silêncio, façamos uma avaliação do grau de confiança depositado em cada membro da nossa família.

26º dia

*Não sejais sem juízo,
mas procurai discernir bem qual é
a vontade do Senhor*
(Ef 5,17).

Ó Jesus, que,
Com tua encarnação,
Criaste com a família humana
Laços indissolúveis,
Manifestados, concretamente,
Em tua vivência histórica,
Ao lado dos teus pais
Maria e José, dócil família de Nazaré.
Faze da nossa casa e de todos os lares do mundo
Um local de acolhida da tua vontade.

Ajuda-nos a fazer de nossos corações
Um espaço de acolhimento da tua vontade
Para nossa vida.

Ajuda-nos a fazer da nossa casa um ambiente de paz,
Onde a tua vontade seja constante.

Ajuda-nos a fazer de nossa família
Um projeto de expressão da tua vontade
Para com o local onde vivemos.

Ajuda-nos, como família,
A reconhecer a tua vontade
Como o centro de tudo em nossa vida.

Mostra ao nosso coração e também ao de cada membro da
nossa família que
A busca da tua vontade
É a garantia da uma família bem-sucedida.
Ajuda-nos a alicerçar o nosso relacionamento,
Segundo a tua vontade,
Para que reinem a verdade e a transparência nos diálogos.

Concede-nos a graça de
Habituarmo-nos a uma vida de oração
Para conhecer-te melhor.
Quanto mais nós te conhecemos,
Melhor entenderemos a tua vontade.

Concede-nos a graça de
Compreendermos que
Somente a mente renovada pela tua Palavra
Pode tomar boas decisões.

Concede-nos a graça
De compreendermos que
Não há nenhum cristão
Sem o Espírito Santo como guia.

Concede-nos a graça de
Compreendermos que, em certos momentos,
Torna-se extremamente necessário

Procurar conselhos
Com uma pessoa com experiência
E bom exemplo na vida cristã.

Ajuda-nos a compreender que
O teu desejo é que
Estejamos sempre atentos à tua vontade.

> **Exercício do dia:** Na oração, fazer uma separação do que desejamos daquilo que representa a vontade de Deus para com a nossa vida e a da nossa família.

27º dia

> *Com toda sorte de preces e súplicas,*
> *orai constantemente no Espírito.*
> *Prestai vigilante atenção neste ponto,*
> *intercedendo por todos os santos*
> (Ef 6,18).

Ó Jesus, que,
Com tua encarnação,
Criaste com a família humana
Laços indissolúveis,
Manifestados, concretamente,
Em tua vivência histórica,
Ao lado dos teus pais
Maria e José, dócil família de Nazaré.
Mostra ao nosso coração e também ao de cada membro de nossa família que
Família feliz
É aquela que descobriu na oração que
A tua vontade é a de que sempre tenhamos
Reações sóbrias e conduta moderada.

Mostra ao nosso coração e também ao de cada membro de nossa família que
Alguns indicadores de uma família infeliz e hostil são:
A impaciência com as demoras,
A falta de confiança,
A irritabilidade com os hábitos de familiares ou amigos,

A necessidade persistente de ter a última palavra nas discussões
Ou de se vingar quando for contrariado.

Mostra ao nosso coração e também ao de cada membro de nossa família que
Família feliz
É aquela que opta por um estilo de vida em comunhão com tua vontade.

Mostra ao nosso coração e também ao de cada membro de nossa família que
Família feliz
É aquela que aprendeu que a oração faz mover o céu,
Como também
Mudar as coisas na terra.

Mostra ao nosso coração e também ao de cada membro de nossa família que
Família feliz
É aquela que descobriu que a oração é arma de guerra contra o divisor,
Mas também contra nossos impulsos de ódio,
Ganância e egoísmo.

Mostra ao nosso coração e também ao de cada membro de nossa família que
Família feliz
É aquela que aprendeu que a oração produz comunhão na Igreja,
Porque ao rezar invoca a Deus: "Pai nosso",

E, assim,
Destrói todo e qualquer preconceito e divisão.
Mostra ao nosso coração e também ao de cada membro de nossa família que
Família feliz
É aquela que aprendeu que a oração a capacita a cumprir a missão
De falar do teu amor aos que caminham desnorteados, como "ovelhas sem pastor".

Mostra ao nosso coração e também ao de cada membro de nossa família que
Família feliz
É aquela que descobriu que a oração a fortalece no momento do sofrimento,
Traz paz nos momentos de angústia,
Segurança nos momentos de dúvida,
Alegria nos momentos de dor.

Mostra ao nosso coração e também ao de cada membro de nossa família que
Família feliz
É aquela que descobriu que
A oração cura as feridas,
Restaura a vida,
Refaz os sonhos perdidos,
Traz esperança,
Altera os objetivos e as metas.

Mostra ao nosso coração e também ao de cada membro de nossa família que

Família feliz
É aquela que descobriu que
A oração representa tempo de intimidade,
Tempo de relação pessoal com a tua santa presença.

Mostra ao nosso coração e também ao de cada membro de nossa família que
Família feliz
É aquela em que as pessoas crescem verdadeiramente em maturidade amorosa.

Mostra ao nosso coração e também ao de cada membro de nossa família que
Família feliz
É aquela em que todas as pessoas são levadas a sério.

Mostra ao nosso coração e também ao de cada membro de nossa família que
Conviver, em família,
Significa interagir com pessoas livres,
Conscientes,
Responsáveis
E capazes de comunhão amorosa.

Mostra ao nosso coração e também ao de cada membro de nossa família que
Família verdadeira
É aquela em que os seus membros são acolhidos
Como pessoas únicas,
Originais e irrepetíveis.

Mostra ao nosso coração e também ao de cada membro de nossa família que
Os membros da família cristã amadurecida
Têm consciência dos seus direitos e deveres.

Mostra ao nosso coração e também ao de cada membro de nossa família que
Família feliz
É aquela em que todos sabem que comunhão
Não significa fusão ou anulação das diferenças pessoais.

Mostra ao nosso coração e também ao de cada membro de nossa família que
Família feliz
É aquela em que as pessoas sabem que amor não é uma mera questão de sentimentos...
Amar implica atos e atitudes concretas.

> **Exercício do dia:** Encontrarmos, em meio às atividades, tempo para rezar pelas famílias cristãs do mundo inteiro.

28º dia

> *Mas, pelo contrário,*
> *dando provas de uma perfeita fidelidade,*
> *para honrarem em tudo a doutrina de Deus,*
> *nosso Salvador*
> (Tt 2,10).

Ó Jesus, que,
Com tua encarnação,
Criaste com a família humana
Laços indissolúveis,
Manifestados, concretamente,
Em tua vivência histórica,
Ao lado dos teus pais
Maria e José, dócil família de Nazaré.
Afasta do nosso coração e também dos demais membros da nossa família,
Assim como de todas as famílias do mundo,
A infidelidade a nós mesmos
E aos teus projetos.

Mostra ao nosso coração e também ao de cada membro de nossa família que
Tu, por um gesto de infidelidade,
Passaste pela morte dolorosa na cruz.

Mostra ao nosso coração e também ao de cada membro de nossa família que

A maior infidelidade
É a negação à vocação de construtores do reino do teu Reino.

Mostra ao nosso coração e também ao cada membro de nossa
família que
O sacramento do matrimônio,
Fruto da tua vontade,
Constitui uma relação perfeita de amor,
Respeito e cumplicidade.

Mostra ao nosso coração e também ao de cada membro de
nossa família que
O contato fiel e a intimidade com a tua Palavra
Conduzem a vida da nossa família à felicidade e à prosperidade.

Aumenta no nosso coração e também no de cada membro de
nossa família
A sensibilidade para com a tua fidelidade.

Ajuda-nos a crescer na fidelidade
Ao teu amor, para que
A fidelidade em nosso lar seja próspera e duradoura.

Convence-nos de que,
À medida que nos movemos em direção à tua fidelidade,
Diminuímos a distância entre nós.

Ajuda-nos
A colocar, de forma fiel,
Os nossos corações em teu altar.
A cada domingo,

A cada celebração,
Em memória da tua entrega por nós.

Ajuda-nos
A compreender que
A vida cristã, baseada na tua fidelidade,
Não é um fazer para o Senhor,
Mas um viver fiel a tua vontade.

Ajuda-nos a perceber que
A vida cristã,
Baseada na fidelidade do Evangelho,
Começa aos teus pés
E termina nos pés do próximo.

Não permitas que
A nossa vida em família
Seja dominada pela ansiedade,
Pelo medo do erro,
Pelo terror do fracasso.

> **Exercício do dia:** Fazermos um exame de consciência e avaliarmos com sinceridade de que forma contribuímos para que o nosso grupo familiar seja infiel ao Senhor.

29º dia

> *Desapareça do meio de vós todo amargor*
> *e exaltação, toda ira e gritaria,*
> *ultrajes e toda espécie de maldade*
> (Ef 4,31).

Ó Jesus, que,
Com tua encarnação,
Criaste com a família humana
Laços indissolúveis,
Manifestados, concretamente,
Em tua vivência histórica,
Ao lado dos teus pais
Maria e José, dócil família de Nazaré.
Ajuda-nos a compreender que,
De todas as tempestades que assolam a família atualmente,
Talvez nenhuma seja mais responsável por destruição do que as mágoas.

Ensina-nos a compreender que
As mágoas representam ira não resolvida,
Quase sempre envolvendo as pessoas mais próximas.

Ajuda-nos a compreender que
A pessoa magoada experimenta ira contínua,
Provocando profundas feridas que o tempo nunca cura.

Ajuda-nos a compreender que
Uma mágoa adormecida,
Aos poucos,
Mata a pessoa física e espiritualmente.

Ajuda-nos a compreender que,
Aos poucos,
As mágoas corrompem as fontes da vida.

Ajuda-nos a compreender que
O primeiro passo para a libertação das mágoas
É a identificação da nossa frustração.

Ajuda-nos a compreender que
Somente abertura à tua pessoa,
Viva em cada um de nós,
Será capaz de transformar mágoas em perdão.

Educa os nossos corações para que
A raiva não ocupe espaço em nossa mente e sentimentos.

Educa os nossos corações para que
Não venhamos camuflar a nossa raiva
Com atitudes de falsa humildade.

Educa os nossos corações para a percepção de que
Não é o outro que produz raiva em nós,
Mas nós que sentimos raiva,
Logo, nós mesmos a produzimos.

Mostra aos nossos corações que
A raiva é uma reação emocional que
Ocorre toda vez que nos sentimos ameaçados.

Mostra aos nossos corações que
Não se deve camuflar e reprimir a raiva,
Para que não oportunize o surgimento
De mágoa e ressentimento.

Não permitas que se instale
Em nossos corações
Nenhuma gota de mágoa,
Para que não percamos a alegria de viver
E avancemos em direção aos estados depressivos.

Ajuda-nos a compreender que
O ressentimento é produto direto da repressão da raiva.

Ajuda-nos a compreender que,
Ao reconhecermos nossos valores
E nossa beleza única,
Mais seguros nos tornamos,
De maneira que a raiva e a mágoa
Não encontram, em nossos corações,
Alicerces para se instalar.

Exercício do dia: Fazermos uma avaliação silenciosa sobre a nossa postura diante dos conflitos do grupo familiar.

30º dia

> *Em nome de Cristo, vos suplicamos:*
> *reconciliai-vos com Deus*
> (2Cor 5,20).

Ó Jesus, que,
Com tua encarnação,
Criaste com a família humana
Laços indissolúveis,
Manifestados, concretamente,
Em tua vivência histórica,
Ao lado dos teus pais
Maria e José, dócil família de Nazaré.
Ajuda-nos a compreender que
A falta de arrependimento,
De corações inclinados à tua misericórdia,
Resulta na falência dos relacionamentos conjugais.

Ajuda o nosso coração
E também o de cada membro da nossa família
A assumir, confessar os nossos pecados.

Mostra ao nosso coração
E também ao de cada membro de nossa família que
A consequência do pecado é a perda da comunhão com Deus,
Frieza espiritual,
Falta de alegria com as coisas do Senhor e,
Em muitos casos, o afastamento da Igreja.

Mostra ao nosso coração
E também ao de cada membro de nossa família que
O único meio para a libertação pessoal e familiar das garras do pecado
É o reconhecimento,
O arrependimento e a confissão dos pecados.

Mostra ao nosso coração
E também ao de cada membro de nossa família que
Não há melhor condição espiritual do que a liberdade plena.

Mostra ao nosso coração
E também ao de cada membro de nossa família que
A melhor maneira de ser um cristão livre é dizer não ao pecado.

Ajuda-nos a compreender que
Corações fechados para tua misericórdia
Impossibilitam a tua atuação em nosso lar.

Ajuda-nos a compreender que
O arrependimento requer
Olhar as circunstâncias do ponto de vista da tua misericórdia.

Ajuda-nos a compreender que
Não se passa diretamente do pecado ao perdão.
No entanto, entre o pecado e o perdão
Há uma passagem obrigatória que se chama arrependimento.

Ajuda-nos a compreender que
Sem arrependimento o perdão não acontece.

Ajuda-nos a compreender que
Perdão sem arrependimento pode encher os templos,
Mas não enche a Igreja do Deus Vivo.

Ajuda-nos a compreender que,
Uma vez que somos responsáveis pelo que pensamos e fazemos,
Devemos perdoar, quando formos ofendidos,
E arrependermo-nos,
Quando ofendermos.

Ensina aos nossos corações que
Muitas mágoas e brigas podem ser evitadas,
Se a verdade estiver em primeiro lugar.

Que possamos identificar,
Com verdade,
Sinceridade e clareza,
Nossa parcela de contribuição no desgaste do nosso
relacionamento.

Preenche os nossos corações com a tua verdade, para que
A mentira não tenha vez em nosso lar.

Faze da minha família
Uma oportunidade de servir melhor,
Um espaço para a vivência dos teus mandamentos.

Faze-nos entender que
A união familiar significa a união de
Forças,
Zelo,
Cuidados em prol de uma vida cristã mais refinada.

Liberta-nos da ilusão de uma vida familiar sem
Conflitos,
Desafios e enfermidades.

Ensina-nos a não criar justificativas,
A nos entregarmos sem reservas ao Senhor
E aos irmãos.

Ensina-nos a perceber que
A tua Palavra mostra ao mundo que
Não há limites para se perdoar.

Ajuda-nos a olhar com verdade
O que nos atrai
E o que nos afasta na convivência familiar.

Ajuda-nos a compreender que
A verdade é uma arma poderosa
Que transforma toda e qualquer situação.

Ajuda-nos a fazer do nosso lar
Casa de oração,
Doação e felicidade.

Faze
Do nosso coração
Um ambiente que expresse a tua santa presença,
Um ambiente que manifeste a tua presença eucarística.

Exercício do dia: À luz do Espírito Santo e com coragem, devemos realizar um exame de consciência e, então, procurar um sacerdote para fazer uma boa confissão, sem nada esconder.

31º dia

> *Haja entre vós o mesmo sentir e pensar*
> *que no Cristo Jesus*
> (Fl 2,5).

Ó Jesus, que,
Com tua encarnação,
Criaste com a família humana
Laços indissolúveis,
Manifestados, concretamente,
Em tua vivência histórica,
Ao lado dos teus pais
Maria e José, dócil família de Nazaré.
Ensina ao nosso coração e também ao de cada um dos nossos familiares que
Uma família cristã amadurecida é aquela em que
As pessoas aprendem que o amadurecimento humano implica
A capacidade de agir de modo a facilitar a realização e felicidade dos outros.

Ensina ao nosso coração e também ao de cada membro de nossa família que
Uma família cristã amadurecida é uma comunidade de amor
Onde há papéis,
Funções e missões diferentes a se realizarem para o bem de todos.

Mostra ao nosso coração e também ao de cada membro de
nossa família que
Não pode haver família equilibrada sem autoridade centrada
no diálogo e na compreensão.

Ensina ao nosso coração e também ao de cada um dos nossos
familiares que
Uma família cristã amadurecida é aquela em que ninguém
desvaloriza
A cooperação do outro,
Mesmo as pequenas ou mínimas.

Ensina ao nosso coração e também ao de cada um de nossos
familiares que
Uma família cristã amadurecida é aquela em que
Não há pessoas vazias, pois todas têm objetivos e metas para
atingir.

Ensina ao nosso coração e também ao de cada um de nossos
familiares que
Uma família cristã amadurecida é aquela em que não existem
covardes nem heróis.
Todos sabem que recebemos os talentos de Deus pela
mediação uns dos outros.

Ensina ao nosso coração e também ao de cada um dos nossos
familiares que
Uma família cristã amadurecida é aquela em que,
De tempos em tempos,
Há momentos de revisão,
A fim de avaliar o cotidiano da vida.

Ensina ao nosso coração e também ao de cada um dos nossos familiares que
Uma família cristã amadurecida é aquela em que as pessoas compreendem que
A meta é chegar à plena comunhão familiar.

Ensina ao nosso coração e também ao de cada um dos nossos familiares que
Uma família cristã amadurecida
É aquela em que há espaço para
O trabalho,
O encontro,
O convívio,
Os amigos,
O descanso...
Condições importantes para que a vida das pessoas tenha qualidade.

Ensina ao nosso coração e também ao de cada um dos nossos familiares que
Uma família cristã amadurecida
É aquela em que as pessoas sentem-se livres para pensar e falar.

Ensina ao nosso coração e também ao de cada um dos nossos familiares que
Uma família cristã amadurecida é aquela em todos
São capazes de se olharem nos olhos e sorrirem uns para os outros.

Ensina ao nosso coração e também ao de cada um dos nossos familiares que

Uma família cristã amadurecida
Baseia-se na transparência,
Alicerce da verdade e da lealdade.

Ensina ao nosso coração e também ao de cada um dos nossos familiares que
Uma família cristã amadurecida
Não acontece de modo espontâneo.

Ensina ao nosso coração e também ao de cada um dos nossos familiares que,
Em uma família cristã amadurecida,
Há espaços para a partilha da Palavra de Deus e a oração.

Ensina ao nosso coração e também ao de cada um dos nossos familiares que
Uma família cristã amadurecida
É um espaço privilegiado para a ação do Espírito Santo;
Nela acontece verdadeiramente fraternidade e comunhão.

Ensina ao nosso coração e também ao de cada um dos nossos familiares que,
Numa família cristã amadurecida,
Por ser formada por pessoas esclarecidas,
Procura-se ser dom uns para os outros.

Ensina ao nosso coração e também ao de cada um dos nossos familiares que,
Numa família cristã amadurecida,
Por ser formada por pessoas esclarecidas,
Sabe-se ultrapassar os laços do sangue,

Abrindo-se aos outros com horizontes de fé,
Comprometendo-se, através do trabalho de evangelização,
Com a edificação da família de Deus.

Ensina ao nosso coração e também ao de cada um dos nossos familiares que,
Numa família cristã amadurecida,
Por ser formada por pessoas esclarecidas,
A família é tanto mais cristã quanto mais dinamizada pelo amor à tua Palavra.

Ensina ao nosso coração e também ao de cada um dos nossos familiares que
A família cristã amadurecida
É um espaço privilegiado para a prática das virtudes da
Fé, esperança e caridade.

> **Exercício do dia:** Esforçarmo-nos para colocar em prática as virtudes da fé, esperança e caridade.

Rua Dona Inácia Uchoa, 62
04110-020 – São Paulo – SP (Brasil)
Tel.: (11) 2125-3500
paulinas.com.br – editora@paulinas.com.br
Telemarketing e SAC: 0800-7010081